Todo
as

por Ginny Grissom

Scott Foresman
is an imprint of
PEARSON

Glenview, Illinois • Boston, Massachusetts • Chandler, Arizona
Upper Saddle River, New Jersey

Every effort has been made to secure permission and provide appropriate credit for photographic material. The publisher deeply regrets any omission and pledges to correct errors called to its attention in subsequent editions.

Unless otherwise acknowledged, all photographs are the property of Pearson.

Photo locations denoted as follows: Top (T), Center (C), Bottom (B), Left (L), Right (R), Background (Bkgd)

Cover ©NASA/Roger Ressmeyer/CORBIS; 1 ©Digital image © 1996 CORBIS; Original image courtesy of NASA/CORBIS; 3 ©CORBIS SYGMA; 4 ©NASA/Roger Ressmeyer/CORBIS; 5 ©NASA/Roger Ressmeyer/CORBIS; 6 ©NASA/Roger Ressmeyer/CORBIS; 7 ©NASA/Roger Ressmeyer/CORBIS; 8 ©Digital image © 1996 CORBIS; Original image courtesy of NASA/CORBIS

ISBN 13: 978-0-328-53386-2
ISBN 10: 0-328-53386-6

1 2 3 4 5 6 7 8 9 10 V0G1 18 17 16 15 14 13 12 11 10 09

Los astronautas trabajan juntos en naves espaciales.

¿Quién puede ser un astronauta?

Los astronautas pueden ser hombres o mujeres. Los pilotos y los científicos pueden ser astronautas.

Estos astronautas comen en la nave *Endeavour*.

¿Cómo se alimentan los astronautas?

La comida de los astronautas es especial. Viene en paquetes llenos de diferentes alimentos. Sólo le agregan agua. Luego comen directamente del paquete.

El traje espacial debe moverse de la misma manera que se mueve el cuerpo del astronauta.

¿Cómo se visten los astronautas?

Los astronautas no pueden vivir en el espacio sin un traje espacial. El traje espacial los protege y mantiene el calor del cuerpo en el espacio. Los astronautas pueden respirar en el traje espacial.

En el espacio no hay arriba ni abajo. Se puede dormir parado de cabeza.

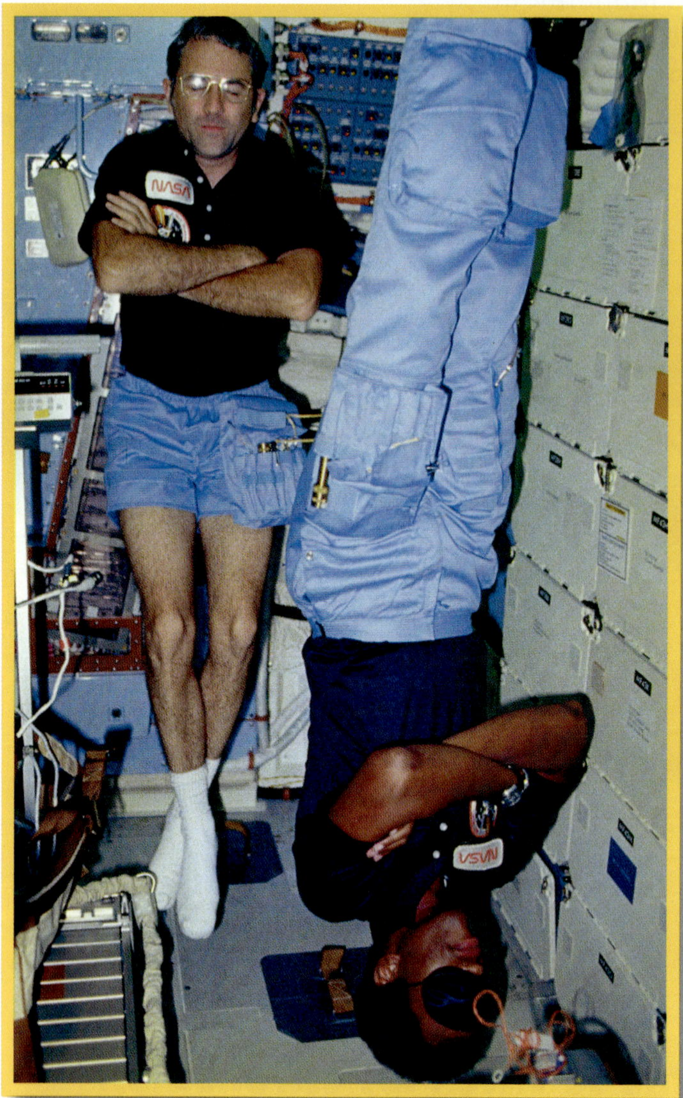

¿Dónde duermen los astronautas?

Algunos astronautas duermen en sacos de dormir. Otros duermen en camas. Algunos buscan lugares limpios y tranquilos para descansar.

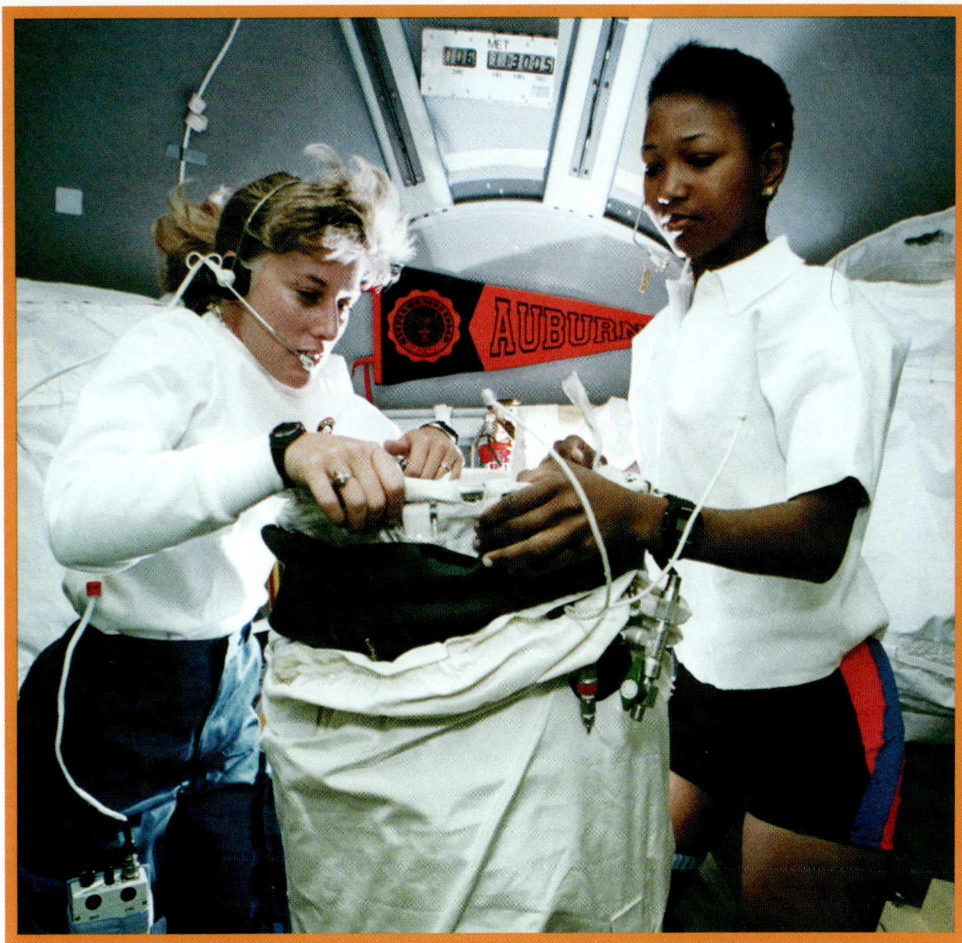

Los astronautas hacen experimentos mientras viajan en el espacio.

¿Qué tipo de trabajo hacen los astronautas?

Muchos astronautas aprenden a construir o arreglar máquinas en el espacio. Algunos astronautas hacen experimentos científicos.

Este astronauta tiene una vista especial de nuestro mundo.

¿Pueden los astronautas llamar a su casa?

Los astronautas pueden llamar a todos lados. En sus viajes al espacio, llaman por computadora a sus casas en la Tierra. Mientras hablan, pueden decir "te quiero" a sus familiares.